Des canards de toutes les couleurs

Des canards de toutes les couleurs

Thierry Collard

Retrouvez tous les autres livres de l'auteur sur

WWW.THIERRY-COLLARD.FR

Loi n°49-956 du 16 juillet 1949 sur les publications destinées à la jeunesse, modifiée par la loi n°2011-525 du 17 mai 2011.

© 2023, Thierry Collard
Édition : BoD – Books on Demand, info@bod.fr
Impression : BoD – Books on Demand, In de Tarpen 42, Norderstedt (Allemagne)
Impression à la demande
ISBN : 978-2-3220-3538-0
Dépôt légal : Janvier 2023

La tolérance est mère de la paix.

Charles Nodier (1780-1844)

Petite Cane Blanche a grandi.

Maintenant qu'elle n'est plus une enfant, elle veut découvrir le monde.

Ses parents lui donnent quelques conseils et lui souhaitent un beau voyage.

Joyeuse, elle part visiter toutes les fermes du village.

La première ferme n'est pas très loin, juste de l'autre côté d'un ruisseau.

Petite Cane Blanche y rencontre beaucoup de canards tout noirs. C'est drôle, c'est tout le contraire de chez elle, où la plupart sont blancs.

Elle fait la connaissance d'Abracadabra, un grand canard noir gentil mais très triste. « Ici, nous n'avons pas beaucoup à manger, lui explique-t-il. Beaucoup de choses poussent pourtant dans nos champs, mais ce sont les paysans de ta ferme qui emportent presque toutes les récoltes pour nourrir les canards blancs de chez toi. »

« C'est très injuste, répond Petite Cane Blanche. Viens avec moi, nous trouverons sûrement d'autres fermes où la vie est meilleure. »

La deuxième ferme se situe plus loin, parmi les collines de sable.

Petite Cane Blanche et Abracadabra rencontrent une cane qui cache ses plumes sous un grand tissu bleu. Elle se nomme Emel. « Ici, explique-t-elle à ses nouveaux amis, les canes sont obligées de toujours cacher leurs plumes et d'obéir aux canards qui, eux, ont le droit de faire tout ce qu'ils veulent. »

« C'est très injuste, répond Petite Cane Blanche. Viens avec nous, nous trouverons sûrement d'autres fermes où la vie est meilleure. »

La troisième ferme est immense et peuplée de milliers de canards jaunes qui se tiennent en rangs bien alignés.

Petite Cane Blanche, Abracadabra et Emel deviennent amis avec Xingshi. Il leur dit : « Je suis bien nourri ici mais je n'ai surtout pas le droit de sortir du rang dans lequel je me trouve, sinon les fermiers vont m'attraper et m'emporter vers un endroit dont les canards ne reviennent jamais. »

« C'est très injuste, répond Petite Cane Blanche. Viens avec nous, nous trouverons sûrement d'autres fermes où la vie est meilleure. »

La quatrième ferme se trouve au-delà d'une très grande mare.

Petite Cane Blanche, Abracadabra, Emel et Xingshi y croisent des canards de toutes les couleurs. Quelques-uns ont des plumes rouges, comme Omoho, une canette qui reste toute seule dans un coin de la basse-cour. « Il y a bien longtemps, leur explique-t-elle, toute cette ferme appartenait à ma famille. Nous avons accueilli des canards blancs qui venaient de chez toi, mais ils ont commencé à nous donner des coups de bec et à nous prendre toute la nourriture. Aujourd'hui, il ne reste presque plus de canards rouges. »

« C'est très injuste, répond Petite Cane Blanche. Viens avec nous, nous trouverons sûrement d'autres fermes où la vie est meilleure. »

La cinquième et dernière ferme du voyage est voisine de la précédente.

On a dit à Petite Cane Blanche, Abracadabra, Emel, Xingshi et Omoho que c'était la ferme des canards verts, mais ils n'en croisent aucun de cette couleur. Ils finissent par en apercevoir un qui se cache dans un petit bois, en dehors des clôtures de la ferme.

Il s'appelle Kukulkun et il leur parle : « Avant l'arrivée des canards blancs, ce tout petit bois était une immense forêt dans laquelle nous vivions heureux. Chaque jour, les fermiers viennent couper de nouveaux arbres pour agrandir leur basse-cour. Bientôt, il ne restera plus rien et je n'aurai nulle part où aller. »

« C'est très injuste, répond Petite Cane Blanche. Viens avec nous, je vous invite tous dans la ferme de ma famille, où vous aurez une vie meilleure. »

De retour chez elle, Petite Cane Blanche présente à toute la ferme ses nouveaux amis Abracadabra, Emel, Xingshi, Omoho et Kukulkun.

Hélas, l'accueil n'est pas celui qu'elle espérait. Les canards blancs se moquent des couleurs des plumes des nouveaux venus, ils ne comprennent pas leurs « *cuin-cuin* » ou « *can-can* » parce qu'ici on doit prononcer « *coin-coin* », ils disent que ces nouveaux venus vont prendre leur nourriture et s'installer dans les meilleurs nids de la ferme.

Le plus bête et méchant des canards blancs leur crie : « Retournez chez vous, on ne veut pas de vous ici ! » Et toute la basse-cour pousse des gloussements inquiétants.

Mais Petite Cane Blanche a grandi ; après son voyage, elle n'est plus timide.

Alors, très en colère, elle se met à crier plus fort que tous les autres : « Bande de canards sans cervelle, ne voyez-vous que vos plumes ? Ne savez-vous pas que, sans elles, nous sommes toutes et tous pareils ? Allez-vous patauger toute votre vie dans la boue de votre basse-cour sans vous soucier de ce que vivent les autres canards ? N'écoutez pas les fous qui veulent faire la guerre aux autres fermes ! Partagez les bonnes nourritures que nous avons ici et vous serez bien accueillis lorsque vous irez rendre visite à vos nouveaux amis. »

Abracadabra, Emel, Xingshi, Omoho et Kukulkun ont applaudi très fort leur amie Petite Cane Blanche, vite rejoints par la plupart des canards blancs.

Depuis ce jour, il reste bien une poignée de volatiles bêtes et méchants qui ne veulent pas voir les autres canards de toutes les couleurs, alors ils vivent isolés dans un coin de la ferme, sans jamais sortir, sans jamais recevoir d'amis.

Tant pis pour eux !